Begegnungen im „Anderland"

Beziehungsgestaltung und Kommunikation mit Menschen mit einer Demenzerkrankung

Dr. Petra Maria Schwarz

Impressum

Bibliografische Information der Deutschen Nationalbibliothek:
Die Deutsche Nationalbibliothek verzeichnet diese Publikation in der Deutschen Nationalbibliografie; detaillierte bibliografische Daten sind im Internet über http://dnb.dnb.de abrufbar.

© 2022 Dr. Petra Maria Schwarz

Lektorat: Vorname Name oder Institution
Korrektorat: Vorname Name oder Institution
weitere Mitwirkende: Vorname Name oder Institution

Herstellung und Verlag: BoD – Books on Demand, Norderstedt

ISBN: 978-3-754-3122-61

Inhaltsverzeichnis

Einleitung

Angehörige von Menschen mit Demenz fristen in der Öffentlichkeit, der Politik und den Medien zwischenzeitlich nicht mehr das Schattendasein, wie es noch bis etwa zum Jahrtausendwechsel der Fall war. Dies ist sicherlich ein Verdienst der Pflegestützpunkte (PSP), die als örtliche Auskunfts- und Beratungsstellen für Pflegebedürftige und deren Angehörige Unterstützung und Beratung anbieten. Damit die Person, die den an Demenz erkrankten Menschen zu Hause versorgt, sich regelmäßige Freiräume schaffen und auch an den Erhalt und die Stärkung der eigenen Ressourcen denken kann, ist 2017 zudem die sog. „Verhinderungspflege" (§39 SGBXI) ins Leben gerufen worden, die flexibel nutzbare finanzielle Mittel zur Verfügung stellt.

Während den pflegenden Angehörigen bislang insb. zeitliche und finanzielle Unterstützungs-leistungen angeboten wurden, um die zu tragende „Last" leichter zu machen, ist zwischenzeitlich klar: Belastungen lösen sich nicht einfach auf durch gelegentliche Auszeiten. Demzufolge wird der Supportgedanke nun breiter gespannt. Neben dem Wahrnehmen und Ernstnehmen der eigenen Grenzen und einer Sensibilisierung auf den Umgang mit den unterschiedlichsten Belastungsfaktoren (z.B. Unverständnis des privaten Umfeldes bis hin zu sozialer Ausgrenzung, Hin- und Hergerissen-Sein zwischen den verschiedensten Verpflichtungen mit dem Gefühl, keiner Seite mehr gerecht zu werden, daraus resultierenden Schuldgefühlen etc.), braucht es ein differenziertes Wissen über die krankheitsbedingten Verhaltensweisen von Menschen mit Demenz. Dieser Schlüssel für ein einfühlsames Verstehen und einen sensiblen Umgang mit ihnen ist für beide Seiten stressreduzierend und somit auch zentral, wenn es um ganzheitliches „Empowerment" der Angehörigen geht.

Bis weit in das mittlere Krankheitsstadium einer Demenz sieht man den Betroffenen äußerlich nichts an, was dazu führt, dass auch die

Angehörigen in ihren Begegnungen mit an Demenz erkrankten Familienmitgliedern gewissermaßen desorientiert sind angesichts der – aus der Perspektive orientierter Menschen – eigenartigen und herausfordernde Verhaltensweisen (vgl. Tschainer-Zangl 2019, S. 13). Dies führt zwangsläufig zu Problemen in der Kommunikation und infolgedessen auch in der Beziehungsgestaltung.

Welches alltagspraktische Wissen über „Demenz" kann Angehörigen dabei helfen, sich in die so fremde, oft verstörende Lebenswelt ihrer desorientierten Eltern oder Partner hinein zu versetzen, um auf dieser Basis eine angemessene Form der Kommunikation und Interaktion mit ihnen zu finden? „Ganz normal anders"[1] – gelingt es Angehörigen, diese verstehende Haltung zu verinnerlichen und sich jeden Tag auf's Neue bewusst zu machen, wird es pflegenden Angehörigen – so meine These – leichter fallen, die täglichen und immer wieder neuen Herausforderungen zu bewältigen. Dies trägt dazu bei, selbst besser in Balance zu bleiben – oder sie leichter wieder zu finden – und gleichzeitig dem nahestehenden Menschen, der mit fortschreitender Krankheit das Gefühl eines immer umfassenderen Kontrollverlustes erlebt, das Leben erträglicher zu machen und seine Würde zu bewahren.

1. Ausgangslage

„Weg vom Geist" respektive „ohne Geist" – so lautet die wörtliche Übersetzung des Begriffs „Demenz" aus dem Lateinischen. Damit ist bereits das wesentliche Merkmal von Demenzerkrankungen beschrieben, nämlich die Verschlechterung bis hin zum Verlust der geistigen Fähigkeiten. Am Anfang der Krankheit sind häufig Kurzzeitgedächtnis und Merkfähigkeit gestört, im weiteren Verlauf verschwinden auch bereits eingeprägte Inhalte des Langzeitgedächtnisses. Die Betroffenen verlieren so mehr und mehr die während des Lebens erworbenen Fähigkeiten und Fertigkeiten."

Diese Definition in sachlich-nüchternen Worten, mit der das erste Kapitel im „Ratgeber Demenz" des Bundesministeriums für Gesundheit beginnt (S. 11), lässt kaum erahnen, was die tägliche Konfrontation mit diesen dramatischen Verlusten für Betroffene und Angehörige bedeutet. Es geht nicht nur um den Verlust des Gedächtnisses und der Denkleistungen, der Urteils- und Handlungsfähigkeit, der sprachlichen Ausdrucksweise und des Sprachverständnisses, der Fertigkeiten zur Bewältigung des Alltags – es geht um einen allumfänglichen Verlust der Orientierung – den Verlust des eigenen Selbst. „(...) letztendlich verlieren die Erkrankten die Verortung in ihrem Leben – in allen Facetten" (Tschainer-Zangl 2019, S. 21).

Allein in Deutschland sind derzeit etwa 1,7 Mio. Menschen von Demenz betroffen, alle 100 Sekunden erkrankt in Deutschland ein Mensch an Demenz, und bei jährlich mehr als 300.000 Neuerkrankungen zeichnet sich jetzt bereits ab, dass sich die Krankenzahl bis 2050 auf rund 3 Mio. erhöhen wird[2].

Rund 80 Prozent aller Demenzkranken werden von ihren Angehörigen begleitet. Um diese belastende und verantwortungsvolle Aufgabe über oftmals viele Jahre hinweg leisten zu können, empfiehlt die Deutsche Alzheimer Gesellschaft[3] den Angehörigen:

- Wissen über die Krankheit und den Umgang mit den Erkrankten zu erwerben
- die persönliche Würde der Erkrankten zu wahren und ihre Eigenständigkeit so weit wie möglich aufrechtzuerhalten
- frühzeitig Unterstützung in Anspruch zu nehmen, bevor die Belastung zu groß wird.

Alles nüchterne Faktenwissen hilft jedoch wenig, wenn es nicht wenigstens ansatzweise gelingt, sich einzufühlen in das Lebensgefühl der Betroffenen, in deren Art sich verständlich zu machen. „Was hat es mit diesem Verhalten auf sich? Ließe es sich präziser durchschauen? Um dann passender – und damit für uns alle stressfreier – reagieren und agieren zu können? Die schlichte Antwort lautet: ja, das geht. Nicht immer, aber viel öfter als gedacht." (Tschainer-Zangl 2019, S. 10).

2. Im „Anderland" – Lebenswelten von Menschen mit einer Demenzerkrankung

„Ich beginne nun die Reise, die mich zum Sonnenuntergang meines Lebens führt, in der Gewissheit, dass über Amerika immer wieder ein strahlender Morgen heraufdämmern wird."
Ronald Reagan in seinem öffentlichen Brief am 5.11.1994 an die amerikanische Öffentlichkeit

2.1. Begrifflichkeit

Demenz ist neben der Depression die häufigste psychische Erkrankung im höheren Lebensalter[4]. Trotz aller gegenteiligen Willensbekundungen sind Menschen mit psychischen Erkrankungen leider auch heute noch in und von unserer Gesellschaft stigmatisiert. Jeglicher Etikettierung entgegenwirkend, stelle ich in dieser Arbeit explizit den an Demenz erkrankten Menschen mit seinem Fühlen und Erleben in den Vordergrund. So verzichte ich auf eine Darstellung des Krankheitsbildes mit seiner differenziert zu betrachtenden Symptomatik. Auch wenn das Erleben der von den diversen Demenz-Varianten[5] betroffenen Menschen verschieden ist, gibt es doch grundlegende Gemeinsamkeiten und ähnliche Herausforderungen in der zwischenmenschlichen Interaktion, auf die ich fokussiere.

2.2. Veränderungen des Gehirns bei Demenz

Das menschliche Gehirn ist mit 100 Milliarden Nervenzellen, die durch 100 Billionen Synapsen miteinander verknüpft sind (vgl. Tschainer-Zangl 2019, S. 32), vermutlich das komplexeste Organ in unserem Organismus. Damit es reibungslos funktionieren kann, ist gesundes Hirngewebe nötig. Bei Menschen mit Demenz wird postuliert, dass für die Symptome ein lückenhaftes neuronales Netzwerk verantwortlich ist. Demenz demgegenüber ganzheitlich als bio-psycho-soziale Erkrankung zu verstehen, ist v.a. das Verdienst von Tom Kitwood. Seiner Argumentation zufolge reichen die neurologischen Veränderungen alleine nicht aus um zu erklären, wie die Krankheit in speziellen Fällen auftritt [6]. Er plädiert dafür, die soziale und emotionale Geschichte der betroffenen Person sowie die Art der Interaktion, die sein Wohlbefinden im positiven wie negativen Sinne beeinflusst, mit zu berücksichtigen. „Demenz" bezieht er auf die ganze Person, nicht nur auf das Gehirn (vgl. Kitwood 2019, S. 49f.). Sein Fokus auf die Sozialpsychologie basiert auf der Hypothese, dass in diesem Bereich die größten Chancen zu finden sind, um das Personsein der Menschen mit Demenz und ihr Wohlbefinden zu unterstützen und so den Prozess der Erkrankung positiv zu beeinflussen (vgl. Kitwood 2019, S. 263).

2.3. Leben zwischen zwei Welten – eine Annäherung

„Begleiten ins Anderland" – auf den Titel der gleichnamigen Broschüre der Alzheimer Gesellschaft referenziere ich mit der Überschrift des 2. Kapitels dieser Arbeit, da hier in fast poetisch anmutender Ausdrucksweise die ganze Komplexität dieses Krankheitsbildes erfasst wird. Wie würden *wir* uns verhalten, wenn wir uns verirrt hätten in einem fremden Land, dessen Sprache wir nicht verstehen, wo alles bedrohlich wirkt, wo wir uns überfordert und fremd fühlen? In einer Welt, die so gar nicht zu unserer eigenen Realität passt? „Nur wer gut Bescheid weiß, kann auch Verständnis entwickeln und richtig oder zumindest angemessen handeln." (S. 4). Genau dies erweist sich als höchst herausfordernd: denn niemand von uns war schon sehr alt. Entsprechend schwierig ist es, „in den Rollstuhl eines 90-Jährigen zu schlüpfen, der mit der Faust schlägt, schlecht sieht und hört, sich kaum bewegen oder an seinen Namen erinnern kann und ganz sicher nicht an unseren. (…) Er kann seine Hand nicht sehen, stattdessen sieht er einen Hammer und einen Nagel." (Feil 2017, S. 53). Zudem ist noch nie ein Mensch „von dieser besonderen Reise kognitiver Beeinträchtigung zurückgekehrt, um uns zu sagen, wie es ist." (Kitwood 2019, S. 128). Versuchen wir dennoch eine psychosoziale Annäherung.

„Jedes Lebensalter hat seine ganz bestimmte Aufgabe. Wenn wir sie ignorieren, verschafft sie sich später einen zweiten Eintritt." (Feil 2017, S. 32). Damit greift Naomi Feil auf Erik H. Erikson (1902–1994)[7] zurück, demgemäß die Lebensaufgabe im Alter darin besteht, das Leben zu resümieren. (vgl. Feil 2017, S. 31). „Getroffen vom Schwinden des Seh- und Hörvermögens, des Kurzzeitgedächtnisses, vom Verlust der sozialen Rollen, des Jobs, des Zuhauses und der Mobilität, ziehen sie sich lieber zurück, als sich so viele Verluste einzugestehen. Unglück durch Verleugnen zu überwinden, hat ihnen schon bei früheren Krisen geholfen. Im hohen Alter, wenn eine Krise auf die andere folgt, ziehen sich diese Menschen aus der Realität zurück. Sie haben kein anderes Mittel, damit fertig zu werden (…)" (Feil 2017, S. 42). Nach Naomi Feil liegen die Gründe für Desorientierung also unabhängig von gehirnorganischen Veränderungen im „Leugnen dieser physischen kleinen ‚Tode' in der Lebensmitte und im Alter", was im hohen Alter oft „zu einem endgültigen Rückzug in die innere Welt" führt (Feil 2017, S. 35). Auf den Punkt gebracht: „Desorientierung hat seine Ursache in einem Zusammenspiel von Verlusten und der Unfähigkeit, mit diesen umzugehen (…)" (Feil 2017, S. 43). Somit kann das Verhalten desorientierter Menschen aus einem oder mehreren der folgenden Grundbedürfnisse resultieren (Feil 2017, S. 23):

- Aufarbeitung von unerledigten Aufgaben, um in Frieden sterben zu können

- In Frieden zu leben
- Bedürfnis, das Gleichgewicht wieder herzustellen, wenn das Augenlicht, das Gehör, die Mobilität und das Gedächtnis schwinden
- Bedürfnis, der unerträglichen Realität Sinn zu geben, einen Platz zu finden, wo man sich wohlfühlt und wo Beziehungen familiär sind
- Bedürfnis nach Anerkennung, Status, Identität und Selbstwert
- Bedürfnis, gebraucht zu werden und produktiv zu sein
- Bedürfnis, gehört zu werden und respektiert zu sein
- Bedürfnis, Gefühle auszudrücken und damit angehört zu werden
- Bedürfnis, sich geliebt und geborgen zu fühlen: Sehnsucht nach menschlichem Kontakt
- Bedürfnis, umsorgt zu werden, sich sicher und geborgen zu fühlen und nicht unbeweglich und festgehalten zu sein
- Bedürfnis nach sensorischer Stimulation, taktilen, visuellen, auditiven, olfaktorischen, gustatorischen und auch sexuellen Ausdrucksmöglichkeiten
- Bedürfnis, Schmerzen und Unannehmlichkeiten zu reduzieren.

Tom Kitwood (2019, S. 145) stellt die demenzspezifischen Bedürfnisse im Bild einer Blume dar, deren „Blätter"(Bindung, Trost, Identität, Beschäftigung, Einbeziehung) sich nicht klar voneinander trennen lassen und deren gemeinsamer Mittelpunkt die Liebe ist. Die Befriedigung dieser individuell ver-schieden stark ausgeprägten Bedürfnisse ermöglicht es dem demenziell veränderten Menschen, sich als Person wahrzunehmen und positive Gefühle (sich wertvoll und geschätzt zu fühlen) zu erleben.

Jedes Verhalten ist Lösungsverhalten – jedes Verhalten macht Sinn. Geht man mit einer empathischen, verständnisvollen Haltung an die von außen betrachtet oftmals verstörenden

Verhaltensweisen von Menschen mit Demenz heran, lässt sich eine sinnhafte Logik dahinter erkennen. Ohne Anspruch auf Vollständigkeit gehe ich im Folgenden gezielt auf wesentliche krankheitsbedingte Veränderungen ein, die besondere Relevanz haben für die beiden Aspekte, die in dieser Arbeit im Vordergrund stehen: die Beziehungsgestaltung und die Kommunikation von Angehörigen mit an Demenz erkrankten Menschen.

2.3.1. Abwehr der Identitätsbedrohung

Eines der wichtigsten Motive eines jeden Menschen ist der Schutz und das Bewahren der eigenen Identität. Im Umkehrschluss löst alles, was unsere Identität bedroht, Reaktionen aus, die eben dieser Selbsterhaltung und Selbstversicherung dienen. Im Überlebensmodus greifen wir seit Urzeiten auf drei Grundmuster zurück: den Kampf, die Flucht, oder den Totstellreflex. Bei Kampf und Flucht mobilisieren wir alle Energiereserven, um zu überleben; der Totstellreflex versetzt uns unmittelbar in einen anderen Bewusstseinszustand, der uns befähigt, unerträglichen Schmerz doch irgendwie auszuhalten.

Was könnte eine schlimmere Bedrohung der eigenen Identität sein, als der zunehmende Verlust der Lebensverortung? Als die Konfrontation mit Verlusten und Abschieden in jeglicher Hinsicht, insb.:

- körperliche Verluste (neben der allgemeinen Beeinträchtigung der Sinne wird gerade der Verlust der sprachlichen Ausdrucksweise – Schwierigkeit, Worte zu finden; Unfähigkeit, mit vertrauten Worten das dazugehörige Bild/Konzept zu verbinden – als höchst bedrohlich erlebt);

- psychische Verluste (unerledigte Lebensaufgaben, Krisen und Konflikte, die im Alter den früheren Verdrängungsversuchen nicht mehr stand halten können);
- soziale Verluste (früherer Status, vertraute Rollenbilder gelten nicht mehr; das Gefühl der Nutzlosigkeit sowie der Verlust der eigenen Selbstbestimmtheit).

Jeder Mensch will (selbst-)wirksam sein, die Dinge im Griff haben, das Leben als berechenbar ein-schätzen. Genau das Gegenteil erleben Menschen, die an Demenz erkrankt sind (vgl. Tschainer-Zangl 2019, S. 51ff.). Vor diesem Hintergrund sind deren vermeintlich aggressive Verhaltensweisen zu sehen, die sich beim genauen Hinschauen vielmehr als selbst(wert)schützendes Verhalten aus dem Gefühl existenzieller Bedrohung heraus erklären lassen – und aus dieser Perspektive heraus sogar „völlig regelkonform" (Tschainer-Zangl 2019, S. 49) sind. Da Angriff bekanntlich die beste Verteidigung ist, wird die Verantwortung für das eigene Missgeschick vorzugsweise auf andere projiziert (vgl. Tschainer-Zangl 2019, S. 47). Hier sind die typischen Fremdbeschuldigungen zu verorten, die Menschen mit Demenz zwar im Moment Erleichterung bringen, gleichzeitig aber für die Beziehung hoch belastend sind – denn welcher pflegende Angehörige möchte schon widerspruchslos z.B. des Diebstahls verdächtigt werden?

Menschen wollen nicht ertappt werden, wenn sie Fehler machen – auch das verbindet „Gegenwarts-orientierte" wie an Demenz Erkrankte. Um Fehltritten nicht ins Auge schauen zu müssen, werden „faule Ausreden" produziert, wird bagatellisiert, verdrängt, die Bedeutung des Fehlers herunter gespielt. Leugnen ist bei desorientierten Menschen der häufigste Verteidigungsmechanismus gegen Stress (vgl. Feil 2017, S. 57). „Sie projizieren ihre tiefliegenden Ängste auf andere, um ihr Gleichgewicht aufrechtzuerhalten. Sie müssen sich selbst verteidigen, sie brauchen ihre Verhüllungen. Nehmen Sie ihnen nicht ihren Schutzschild, ihre Würde weg – sie benötigen sie für das Überleben." (Feil 2017, S. 71).

In eine ähnliche Richtung geht die bemerkenswerte Fähigkeit von Menschen selbst mit fortgeschrittener Demenz, insb. im Kontakt mit Außenstehenden für eine gewisse Zeit die Fassade aufrecht zu erhalten. Unsicherheiten werden überspielt, Wortfindungsstörungen „weggelacht", Missgeschicke verheimlicht und/oder verschleiert, peinliche Situationen mit Komik und Sprachwitz bewältigt – alles, um sich nur nicht die Blöße zu geben, dass einem Fehler unterlaufen sind. Erstaunlicherweise funktioniert sogar die „Fassade der perfekten Konversation" (Tschainer-Zangl 2019, S. 85) – was fatale Konsequenzen im Kontext von Konsultationen des MDK (Medizinischen Dienst der Kranken-kassen) haben kann. Während im offiziellen Gespräch die Fassade noch steht, erleben den „Fassadenzusammenbruch (...) dann die verzweifelten Angehörigen" (Tschainer-Zangl 2019, S. 86).

Gelingt es pflegenden Angehörigen (und uns allen), sich zumindest ansatzweise in dieses Gefühl eines immer umfassenderen Kontroll- und Identitätsverlustes zu versetzen, werden typische Verhaltensweisen von an Demenz erkrankten Menschen als sinnvolle Strategien erklärbar, auf die auch orientierte Menschen in weit weniger dramatischen Situationen zurückgreifen.

2.3.2. Die eine und die andere Realität

Es ist ein aussichtsloses Unterfangen, an Demenz erkrankte Menschen, die „zeitverrückt" in ihrer eigenen inneren Erlebniswelt gefangen sind, mit der heutigen Realität zu konfrontieren bzw. sie auf diese Realität hin orientieren zu wollen. Wenn sich im Menschen mit Demenz lebendige individuelle Biographiewelten „wie persönliche Filmrollen ‚wahrhaft' abspielen" (Curaviva, S. 5) und dieser sich darin als jung, aktiv und leistungsfähig wahrnimmt, wird die Bedeutung des Begriffes „Realität" porös. Dies umso mehr, als er sich oftmals zur gleichen Zeit auf verschiedenen Bewusstseinsebenen bewegt. Auf der einen Ebene kennt er sehr wohl die Wahrheit, weiß um den Tod der Mutter, zu der er gehen will, weiß, dass der Identität stiftende Beruf längst Vergangenheit ist. Innerhalb des eigenen Bezugsrahmens sind die Mutter und der Beruf jedoch Teil der ganz persönlichen Realität, bei der es in erster Linie um die Befriedigung der Grundbedürfnisse (siehe Kap 2.3., S.6) geht. So kann die Mutter für die Sehnsucht nach Geborgenheit und Vertrautheit stehen, das Sprechen über den Beruf der Versicherung der eigenen Bedeutsamkeit und Selbstwirksamkeit dienen.

Bemerkenswert im Umgang und in der Kommunikation mit dementen Menschen ist, dass diese in zunehmendem Maße weniger bereit sind, Respektlosigkeiten hinzunehmen. Sie fordern ein, dass das Gegenüber sich auf ihre Welt, ihre Wahrnehmung, ihre Wünsche einlässt, auf das subjektive Erleben ihrer Innenwelt. Wird dieses menschliche Grundbedürfnis missachtet, bewahren jüngere Menschen wohl noch eher die Fasson, während bei dementen, desorientierten Menschen die hirnorganische Kontrollinstanz ihre Funktion allmählich aufgibt (vgl. Curaviva, S. 5). Nicht mehr gewillt bzw. in der Lage, sich an gesellschaftliche Konventionen zu halten, ignorieren sie Menschen oder ärgern sich – womöglich sogar lautstark – über diejenigen, die ihnen nicht zuhören oder ihnen widersprechen (vgl. Feil 2017, S. 41f.). Dementsprechend reagieren Menschen mit Demenz typischerweise genau dann positiv auf andere, wenn diese auf ihre Gefühle hinter den für Außenstehende „ver-rückten" Äußerungen eingehen. Andererseits ziehen sie sich immer dann zurück oder reagieren aufgebracht bis feindselig, wenn sie hart mit der für sie unerträglichen Realität der Gegenwart konfrontiert werden (vgl. Feil 2017, S. 13).

2.4. Demenz aus der Angehörigenperspektive

Es besteht ein entscheidender Unterschied zwischen den betreuenden und pflegenden direkten Angehörigen (insb. erwachsene Kinder und (Ehe-)Partner/innen) von Menschen mit Demenz und professionell Handelnden einschließlich der ehrenamtlich Tätigen. Denn die erstgenannten eint eine maximale persönliche Betroffenheit von den herausfordernden Veränderungen der Erkrankten, die keinen „normalen" Alltag mehr erlauben. Während alle anderen nach Dienstschluss zurück nach Hause gehen und dort wieder in ihre „normale" Welt eintauchen können, fehlt den direkten Angehörigen diese heilsame Distanz zur Regeneration von den täglichen und immer wieder neuen und zunehmend stärker werdenden Belastungen.

Gleitet ein geliebter und vertrauter Mensch schleichend ins „Anderland" ab, sind auch seitens der Angehörigen Verleugnen, Nicht-Wahrhaben-Wollen, Hadern mit dem Schicksal, Verzweiflung und Rebellion natürliche Reaktionen auf eine derartige Verlusterfahrung, die mit dem Verstand zunächst einmal nicht zu begreifen ist. „Angehörige können die andere Ebene des Mensch- und Personseins ihrer Eltern oder Partner oft kaum mit den verinnerlichten elterlichen Bildern vereinbaren (...)" (Kitwood 2019, S. 9).

Die einzige Chance, um als direkter Angehöriger einen für beide Seiten gangbaren Weg der Interaktion und Beziehungsgestaltung zu finden, scheint darin zu liegen, sich immer wieder aufs Neue die Sinnhaftigkeit der für einen gegenwartsorientierten Menschen „ver-rückten" Verhaltensweisen eines Menschen mit Demenz zu vergegenwärtigen. Anzunehmen – akzeptieren ist fast zu weit gegriffen – auch wenn es noch so schwer fällt, dass ein dementer, desorientierter Mensch in seiner persönlichen Realität lebt und dies seine weise und heilende Antwort auf die unerträgliche Wirklichkeit ist (vgl. Feil 2017, S. 19). „Notwendig (...) ist *unsere* Leistung des Umschaltens" (Tschainer-Zangl 2019, S. 63) – eine Leistung, die ein Mensch mit Demenz nicht erbringen kann. Sich dies bewusst zu machen, ist der erste Schritt, damit Beziehungsgestaltung und Kommunikation mit einem an Demenz erkrankten Angehörigen (besser) gelingen kann.

3. Beziehungsgestaltung und Kommunikation mit Menschen mit einer Demenzerkrankung

„Da mein Vater nicht mehr über die Brücke in meine Welt gelangen kann, muss ich hinüber zu ihm."
Arno Geiger

Die US-amerikanische Sozialarbeiterin Naomi Feil entwickelte zwischen 1963 und 1980 das Kommunikationskonzept der „Validation" [8]. Damit hat sie einen Paradigmenwechsel im Umgang und der Gesprächsführung mit an Demenz erkrankten Menschen eingeleitet. Durchdrungen vom humanistischen Menschenbild, basiert die Validation auf einem bedingungslos empathischen, wertschätzenden Umgang und einer ganzheitlichen Sicht auf den an Demenz erkrankten Menschen. Dabei werden deren Gefühle ‚erkannt' und als gültig ‚anerkannt' – mögen Sie auch noch so seltsam erscheinen – ermöglichen diese doch Zugang zu ihrer inneren Erlebniswelt: „Jemanden zu validieren bedeutet, seine Gefühle anzuerkennen, ihm zu sagen, dass seine Gefühle wahr sind. Das Ablehnen von Gefühlen verunsichert den anderen. In der Methode der Validation verwendet man Einfühlungs-vermögen, um in die innere Erlebniswelt der alten, desorientierten Person vorzudringen. Einfühlungsvermögen – ‚in den Schuhen des anderen gehen' – schafft Vertrauen. Vertrauen schafft Sicherheit, Sicherheit schafft Stärke – Stärke stellt das Selbstwertgefühl wieder her, Selbstwertgefühl verringert Stress." (Feil 2017, S. 15).

Weiterentwickelt wurde dieser Ansatz in den Jahren 1992 bis 1997 von der deutschen Gerontopsychologin Nicole Richard zur „Integrativen Validation (IVA)". Anders als bei der Validation nach Feil versteht Richard Demenz als hirnorganische Krankheit, und nicht als Ergebnis „unerledigter Lebensaufgaben". Sie will folglich auch nicht vorranging ungelöste Probleme des an Demenz erkrankten Menschen bearbeiten, sondern es geht ihr um „Orientierung am aktuell gezeigten Gefühl (Curaviva, S. 6). Und sie postuliert, dass man jeden Menschen – nicht nur sehr alte – validieren kann[9]. Beide Konzepte eint ihr praxisorientierter und pragmatischer Ansatz, der pflegenden Angehörigen und an Demenz erkrankten Menschen gleichermaßen einen besseren gegenseitigen Zugang und in Folge dessen Erleichterung im alltäglichen Miteinander bringen kann.

3.1. Haltung: Empathie und Wertschätzung

Haltung sticht Methode – unter dieser Prämisse scheint mir die Aussage von Tom Kitwood die wichtigste Maßgabe zu sein, da unsere gesamte Interaktion davon bestimmt und geprägt wird: „Unser Bezugsrahmen sollte nicht länger die Person-mit-DEMENZ, sondern die PERSON-mit-Demenz sein." (Kitwood 2019, S. 30). So sollte „jedes sogenannte Problemverhalten (...) primär als Versuch der Kommunikation im Zusammenhang mit einem Bedürfnis gesehen werden. Es bedarf des Versuchs, die Botschaft zu verstehen und so auf das unbefriedigte Bedürfnis einzugehen." (Kitwood 2019, S. 236). Die Bedürfnisse und Gefühle der betroffenen Person werden sodann wertfrei und mit Empathie erkundet (vgl. Feil 2017, S. 22). Sie sind nicht verhandelbar.

Empathie bedeutet, „ein Verständnis für das zu haben, was eine Person unter Umständen erlebt und wie das Leben – von ihrem Bezugsrahmen aus betrachtet – sein könnte. Empathie bedeutet nicht, zu fühlen, was eine andere Person fühlt. Es ist unwahrscheinlich, dass dies jemals möglich ist, weil wir alle so verschieden sind." (Kitwood 2019, S. 223). Es bedeutet aber sehr wohl, dass „die Erfahrung von Menschen mit Demenz in höchstem Maße ernstgenommen werden sollte" (Kitwood 2019, S. 106). Aus einer „Ethik des Respekts" (Kitwood 2019, S. 153) heraus wird der Person mit Demenz somit die Führungsrolle überlassen (vgl. Kitwood 2019, S. 162), „(…) wird die einzigartige Subjektivität der dementen Person, ihre singuläre Weise, das Leben und seine Beziehungen zu erfahren, anerkannt (…)" (Kitwood 2019, S. 14).

Ungeachtet aller Krankheitssymptome bleiben an Demenz erkrankten Menschen zwei wesentliche Ressourcengruppen erhalten: die Antriebe und die Gefühle (vgl. Curaviva, S. 5 f.), die die IVA für den Umgang und die Kommunikation in den Blick nimmt:

Antriebe – wie z.B. Pflichtbewusstsein, Ordnungssinn, Fleiß, Fürsorge – sind typischerweise sozialisations- oder persönlichkeitsbedingt, ziehen sich wie ein roter Faden der persönlichen Orientierung durch das Leben des Menschen durch, und „bleiben lange von der zerstörenden Kraft der Demenz unversehrt" (Curaviva, S. 6). Gefühle sind „der letzte Kompass" von Menschen mit Demenz, die zwar die letzte „zentrale Instanz" verloren haben, die das eigene Verhalten bewacht, dafür aber ein untrügliches Gespür für die Authentizität der sie begleitenden Menschen gewonnen haben (vgl. Curaviva, S. 6). „Gefühle (…) geben den Ausdruck des Erlebens aus der Innenwelt wieder. Wenn sich Menschen mit Demenz daran gehindert fühlen, ihre Antriebe auszuleben, zeigen sie es über Gefühle (…). Das Gefühl ist die einzig verbleibende Orientierung, der einzige Kompass" (Curaviva, S. 6).

Um als gegenwartsorientierter Angehöriger einen Zugang zur Innenwelt des Elternteils oder Partners mit Demenz zu bekommen, gilt es, sich mit einer empathischen, gewährenden und bedingungslos wertschätzenden Haltung auf die Suche nach eben diesen Antrieben und Gefühlen zu begeben. Hilfreich dabei ist das Wissen um biographisch begründete Lebensthemen,

Erfahrungswissen und nicht zuletzt die eigene Intuition im Umgang mit dem geliebten Menschen (vgl. Curaviva, S. 7).

3.2. Methoden der Gesprächsführung

„Das echte Gespräch bedeutet: aus dem Ich heraustreten und an die Tür des Du klopfen."
(Albert Camus)

Kommunikation ist der erste Schritt zum Vertrauensaufbau, wenn Menschen in unterschiedlichen Bezugsrahmen unterwegs sind (vgl. Curaviva, S. 5). Validation und IVA haben ihr Fundament im humanistischen Ansatz und stützen sich insb. auf die Kommunikationskonzepte von C. Rogers und F. Schulz von Thun. Auf den ersten Schritt der empathischen Wahrnehmung des Menschen in seiner Ganzheitlichkeit folgt die klassische „Spiegelung" der Gefühle und Antriebe[10]. Die Methode der Wahl ist also das sog. „Aktive Zuhören", das sich in Form von Aussagesätzen äußert – und idealerweise nicht nur auf den Inhalt („Hinhören"), sondern auf die „zwischen den Zeilen gelesenen" Gefühle und Antriebe, die Wünsche und unerfüllten Bedürfnisse des Gegenübers reflektiert („Zuhören"). In dieser Variante ist das „Aktive Zuhören" auch *die* Methode der verbalen Deeskalation[11].

„Zuhören mit Empathie baut Vertrauen auf, reduziert Angst und gibt die Würde zurück." (Feil 2017, S. 17). Denn während schmerzhafte Gefühle, die ignoriert und unterdrückt werden, stärker werden, schwächen sie sich ab, wenn sie durch einen vertrauensvollen Zuhörer ausgedrückt und akzeptiert werden (vgl. Feil 2017, S. 65). „Wenn man das Bedürfnis versteht, das hinter einem bestimmten Verhalten steht, so kann man mit der Person (…) besser mitfühlen. Wenn man dieses Bedürfnis dann in Worte fasst, fühlt sich die Person verstanden und akzeptiert" (Feil 2017, S. 24).

Die Kunst des guten „Zuhörens" – eigene Darstellung

Statt nur auf „intellektueller" Ebene zu kommunizieren, benötigen die pflegenden Angehörigen ein aufmerksames, sensibles, präsentes „Selbstoffenbarungsohr" im Sinne des Kommunikationsquadrates von Schulz von Thun, um sich in die eigentliche Botschaft hinter den verbalen, nonverbalen und paraverbalen Äußerungen des Menschen mit Demenz einfühlen zu können.

Die IVA verzichtet im Gegensatz zur Validation auf Fragetechniken, um Angst, Stress und Leistungs-frustration zu vermeiden – meines Erachtens aus gutem Grund: Denn Fragen erreichen das Gegenüber im „Verstand" – das „Aktive Zuhören" dagegen im Gefühl. Die sonst empfehlenswerten „offenen" W-Fragen, die das gegenwartsorientierte Gegenüber einladen, sich selbst zu erforschen, riskieren einen Menschen zu überfordern, dessen Gehirn in zunehmendem Maße wie ein Puzzle Stück für Stück zerfällt. Und auch eine Begegnung auf Augenhöhe – im Sinne Martin Bubers im „Du" und nicht in einem aufgezwungenen „Ich-Es-Modus" (vgl. Kitwood 2019, S. 158) – wird durch das „Aktive Zuhören" eher ermöglicht als durch Fragen.

Grundsätzlich sind Gespräche mit an Demenz erkrankten Menschen klar, verständlich, wertschätzend und eindeutig zu führen. Kurze einfache Sätze in einem angemessen-ruhigen Tempo geben dem Gegenüber Zeit, das Gesagte zu verstehen und darauf zu reagieren, verbal wie auch nonverbal.

Dabei gilt nicht zuletzt: wenn Methoden der Gesprächsführung – selbst das „Aktive Zuhören" – nur als Werkzeuge verstanden werden, verlassen wir den Boden der humanistischen, empathischen Gesprächsführung. Drückt die Sprache dagegen unsere innere Haltung aus, haben wir den Schlüssel gefunden, um die eigene wie auch die Würde des Menschen mit Demenz zu bewahren.

3.3. Die Würde bewahren

Die Beziehung zur Pflegeperson stellt „das wichtigste Medikament für Menschen mit Demenz" dar (Kitwood 2019, S. 9) – und demzufolge „hohe emotionale Anforderungen" (Kitwood 2019, S. 25) gerade an die betreuenden Angehörigen. Zu allgemeiner Erschöpfung bis hin zum Burn-out und einem allumfassenden Gefühl des Versagens kommt es bei pflegenden Angehörigen (wie auch bei professionellen Pflegepersonen) insbesondere dann, wenn von einem Menschen mit Demenz erwartet wird, dass er sich nach heute gängigen Normen verhalten soll: „dass sie also deutlich sprechen, Gefühle kontrollieren, täglich Fortschritte machen, Regeln befolgen, zuhören, mit Worten kommunizieren. (...) Burn-out entsteht durch unrealistische Erwartungen (...)" (Feil 2017, S. 55). Lassen sich pflegende Angehörige demgegenüber auf die „Innenwelt" des Menschen mit Demenz ein, verzichten Sie bewusst auf den immer wieder frustrierenden Versuch, diese in Bereichen zu reorientieren, in denen sie sich gar nicht ändern können (vgl. Feil 2017, S. 59). Betreuungspersonen „(...) urteilen nicht, sie akzeptieren und achten die Weisheit der alten Menschen. (...) ihrer eigenen Realität sicher, können sie neben ihnen hergehen". (Feil 2017, S. 52). Daraus resultiert größeres Vertrauen, weniger aggressives Verhalten, bessere Kommunikation und weniger Aufgeregtheit (vgl. Feil 2017, S. 58f.).

Diesen authentischen Umgang spüren Menschen mit Demenz dank ihrer ausgeprägten „Gefühls-antennen" (Curaviva, S. 6) sehr genau. Neben der Empathie und Akzeptanz des Gegenübers in seinem „So-geworden-Sein" ist die Authentizität und Selbstkongruenz des Angehörigen daher ein weiterer entscheidender Aspekt für eine gelingende Interaktion.

In der Begegnung mit einem desorientierten Menschen, schauen wir selbst in den Spiegel. „Der Kontakt mit Demenz und anderen Formen schwerer kognitiver Beeinträchtigung kann und sollte (!) uns aus unseren üblichen Mustern der übertriebenen Geschäftigkeit, des Hyperkognitivismus und der Geschwätzigkeit herausführen in eine Seinsweise, in der Emotion und Gefühl viel mehr Raum gegeben wird. Demente Menschen, für die das Leben der Emotionen oft intensiv und ohne die üblichen Hemmungen verläuft, haben den Rest der Menschheit unter Umständen etwas Wichtiges zu lehren." (Kitwood 2019, S. 27)

4. Zusammenfassung und Fazit

„Alles wirkliche Leben ist Begegnung."
(Martin Buber)

Auch wenn es manchmal unmöglich scheint, oftmals schwierig und fast immer eine Herausforderung ist: Beziehungsgestaltung und Kommunikation mit an Demenz erkrankten Eltern oder Partnern ist möglich. Dabei geht es, wie wir gesehen haben, nicht nur darum, auf Signale zu reagieren, sondern um das Erfassen von Bedeutungen, die von anderen übermittelt werden (vgl. Kitwood 2019, S. 155).

Mit verstehender Haltung die Grundbedürfnisse, Antriebe und Gefühle des Menschen mit Demenz zu erkennen, die „zeit-verrückte" Realität der Betroffenen als gültig anzuerkennen und dann noch mit angemessenen Worten darauf einzugehen – selbst wenn pflegenden Angehörigen das in dieser Arbeit vermittelte Wissen über Demenz nachvollziehbar und verständlich ist: dies alles authentisch zu leben verlangt ihnen fast Übermenschliches ab: „(...) es ist keine Aufgabe, für die der Mensch ‚konzipiert' wurde." (Kitwood 2019, S. 207). Und „je schwerer die Demenz, desto größer wird auch der Bedarf an speziellen interaktiven Kompetenzen" (Kitwood 2019, 171), was Angehörige bis an die eigenen Grenzen fordern kann. „Von allen Bereichen der Arbeit mit älteren Menschen bildet die Pflege von Menschen mit Demenz vielleicht die stärkste Herausforderung. Sie stellt die höchsten Anforderungen an Angehörige (...), die in ihren Bemühungen im allgemeinen nur wenig Unter-stützung und Anerkennung bekommen." (Kitwood 2019, S. 13).

Der hohe Anspruch, mit „freier Aufmerksamkeit" beim an Demenz erkrankten Angehörigen zu sein, „mit und für eine andere Person ohne Ablenkung von außen und Störung von innen präsent (zu) sein" (Kitwood 2019, S. 208), sich von der „Zwanghaftigkeit im

Handeln" (Kitwood 2019, S. 209) zu lösen und damit die Basis zu schaffen, um in eine echte Beziehung zum Gegenüber zu treten, setzt zunächst einmal eine exzellente Selbstfürsorge bei der Betreuungsperson voraus: „Wir müssen alle Hauptquellen für das Fürsorgen in uns selbst finden." (Kitwood 2019, S. 207).

Damit komme ich zurück zu dem in der Einleitung genannten erweiterten Supportgedanken. Um überhaupt in der Lage zu sein, sich in der beschriebenen Weise einfühlsam in die Innenwelt des Gegenübers mit Demenz hineinversetzen zu können als „notwendige" Basis für eine angemessene Kommunikation und Beziehungsgestaltung, braucht es ein hohes Maß an eigenem psychischen Wohlbefinden und physischer Gesundheit. „Nur Personen, die ihre Gefühle unter Kontrolle haben, können gut mit orientierten und mangelhaft orientierten, sehr alten Menschen arbeiten." (Feil 2017, S. 54) . Gelingt es, diesen hohen Anspruch zu erfüllen, sind gerade die pflegenden Angehörigen „Übermenschen für 3 – 10 Minuten" (vgl. ebd.).

Auch wenn Hoffnungslosigkeit und Angst durch die Betrachtungen in dieser Arbeit zumindest ein wenig gemildert werden konnten, wird Demenz „sowohl für die Betroffenen als auch für die ihnen Nahestehenden immer einen zutiefst tragischen Aspekt haben." (Kitwood 2019, S. 126).

Anmerkungen

1 Vgl. den Titel des Buches von Thomas Ihde-Scholl: „Ganz normal anders. Alles über psychische Krankheiten, Behandlungsmöglichkeiten und Hilfsangebote, 2. Auflage, Zürich 2014.

2 Vgl. Deutsche Alzheimer Gesellschaft, https://www.deutsche-alzheimer.de/ueber-uns/presse/artikelansicht/artikel/neues-informationsblatt-der-deutschen-alzheimer-gesellschaft-alle-100-sekunden-erkrankt-in-deutsch.html , Stand: 27.6.2018, Link abgerufen am 4.5.2022.

3 Zitiert aus: https://www.deutsche-alzheimer.de/angehoerige.html , Link abgerufen am 4.5.2022.

4 https://www.deutsche-depressionshilfe.de/depression-infos-und-hilfe/depression-in-verschiedenen-facetten/depression-im-alter , Link abgerufen am 4.5.2022; vgl. Kitwood 2019, Kapitel 3.6, S. 63 ff.

5 Demenz umfasst mehr als 50 verschiedene Formen, die beiden häufigsten sind Alzheimer (60-65%) und vaskuläre Demenz (20-30%) sowie mit 15% Mischformen aus beiden. (vgl. https://www.insenio.de/ratgeber/demenzformen-die-drei-haeufigsten-im-ueberblick/ Link abgerufen am 4.5.2022. Zur „Demenz als psychiatrische Kategorie" vgl. Kapitel 3 in Kitwood 2019, S. 49 ff.; zur Diagnostik ICD-10 F00-F03.

6 Zu anderen Schlussfolgerungen lädt die sog. „Nonnenstudie" ein: Ab 1986 wurden von ca. 600 Ordensschwestern Lebensführung, Ernährung, intellektuelle Leistungsfähigkeit und nach deren Tod die Gehirne untersucht. Auffälliges Ergebnis dieser Studie war, dass auch Ordensschwestern mit stark veränderten Gehirnbefunden bis zu ihrem Tod geistig anspruchsvolle Aufgaben erfüllten konnten, vgl. Feil 2017, S. 49.

7   Vgl.
    https://de.wikipedia.org/wiki/Stufenmodell_der_psychosozialen
    _Entwicklung , Link abgerufen am 4.5.2022.

8   „Die wörtliche Bedeutung ist: stark oder robust
    (widerstandsfähig) machen." (Kitwood 2019, S. 161).

9   Mit Ausnahme von Depressions- und Schizophrenieerkrankten,
    vgl. Curaviva, S. 7

10 Auf eine detaillierte Darstellung der vier Schritte der IVA nach
    Richard (vgl. Curaviva, S. 6) verzichte ich. Der Druck auf die
    Angehörigen sollte m.E. nicht zusätzlich erhöht werden. Für
    den Einstieg sollte ein Verständnis des Grundprinzips der IVA
    ausreichend sein.

11 Vgl. Wesuls, Ralf / Thurner-Dierolf, Ingeborg / Pester, Uwe /
    Dauber, Christa: Praxisleitfaden zum Umgang mit Gewalt und
    aggressiven Verhaltensweisen. Professionelles
    Deeskalationsmanagement in Einrichtungen für betagte oder
    schwerstpflegebedürftige Menschen, Menschen mit Demenz
    oder chronischen psychischen Erkrankungen. Institut für
    Professionelles Deeskalationsmanagement, 1. Auflage, Kuchen
    2014; insb. S. 45 zum „Selbstoffenbarungsohr".

Literaturempfehlungen

Alzheimer Gesellschaft Baden-Württemberg e.V./Selbsthilfe Demenz (Hrsg.): Begleiten ins Anderland. Informationen und Tipps für Angehörige von Menschen mit Demenz, Stuttgart 2019.

Bundesministerium für Gesundheit (Hrsg.): Ratgeber Demenz. Informationen für die häusliche Pflege von Menschen mit Demenz, 13. aktualisierte Auflage, Berlin 2019.

Curaviva (Heft 2/2010): «Sie sind sehr in Sorge»: Die Innenwelt von Menschen mit Demenz gelten lassen: http://www.integrative-validation.de/files/iva/pdf/Artikel%20Curaviva.pdf , Link abgerufen am 4.5.2022.

Feil, Naomi / Klerk-Rubin, Vicki de: Validation. Ein Weg zum Verständnis verwirrter alter Menschen, 11. Durchgesehene Auflage, München/Basel 2017.

Kitwood, Tom: Demenz. Der person-zentrierte Ansatz im Umgang mit verwirrten Menschen. 8. ergänzte Auflage, Göttingen 2019.

Tschainer-Zangl, Sabine: Demenz ohne Stress. Demenzerisch® lernen für einen leichteren Umgang mit Demenzerkrankten, Weinheim/Basel 2019.

Zentrum für Qualität in der Pflege (ZQP) (Hrsg.): Demenz. Impulse und Ideen für pflegende Partner, 6. Auflage, Berlin 2018.